WFH

Working-from-home

Effektiv und Effizient Arbeiten – von zu Haus aus

Suman Lederer

Autor: Suman Lederer

Umschlaggestaltung, Illustration: Suman Lederer

Verlag & Druck: tredition GmbH, Halenreie 40-44, 22359 Hamburg

ISBN: 978-3-347-04269-8 (Paperback)

ISBN: 978-3-347-04270-4 (E-Book)

Bibliografische Information der Deutschen Nationalbibliothek:

Die Deutsche Nationalbibliothek verzeichnet diese Publikation in der Deutschen Nationalbibliografie; detaillierte bibliografische Daten sind im Internet über http://dnb.d-nb.de abrufbar.

Ich danke meiner Mutter, meinem Mann und unserem Sohn, die es mir, alle drei, nicht nur ermöglicht haben, sondern auch sehr unterstützt und ermutigt haben, weiterhin zu arbeiten, und dem nachzugehen, was auch immer ich machen wollte und möchte – WFH, Dienstreisen, Studium, Yogakur, und dieses Kurzbuch schreiben!

Inhalt

1. Ich

Ich bin eigentlich kein Morgenmensch – ich stehe nicht gern früh auf, habe Schwierigkeiten sofort aus dem Bett zu kommen; wenn mein Mann (und unser 7-jähriger Sohn) trotz des Weckers mich nicht zwei bis dreimal noch aufwecken würden, schlafe ich meistens wieder ein; ich versuche immer, bis zu der letzten Minute im Bett zu bleiben, bis ich weiss, dass es ohnehin fast zu spät ist, für was-auch-immer ich danach vorhabe. Aber das hat nichts mit dem Büro oder mit der Arbeit zu tun, oder was-auch-immer ich nach dem Aufstehen vorhabe. Es ist einfach grundsätzlich so!

Als ich noch im Büro gearbeitet habe, habe ich mich irgendwie dafür fertiggemacht, und mich aus dem Haus hinausgeschleppt. Aber kaum war ich draussen, war plötzlich der Schlaf weg; ich war dann wach und munter; nur reden wollte ich nicht wirklich. Ich habe auch nicht gern gehabt, wenn ich Bekannte oder ArbeitskollegInnen auf dem Weg in die Arbeit im Zug, und anschließend in der Strassenbahn oder U-Bahn getroffen habe, die so sehr wach und munter waren, dass sie die ganze Zeit geredet haben. Sie haben den Hinweis auch nicht verstanden, als ich nichts wirklich geantwortet habe, ausser, ja, aha, achso, schön, hmmm... halb lächeln! Aber ich war schon immer ein netter höflicher Mensch, was hätte ich sonst sagen sollen! Aber all das hatte nichts mit der Arbeit oder mit dem Büro zu tun.

Ich habe schon immer sehr gern in Büros gearbeitet. Ich mochte einfach die Unruhe in Büros – die Menschen, die sehr streng schauend hin und hergehen, als ob die ganze Menschheit davon abhängt; Menschen, die sich eine Tasse Kaffee oder für die gesundheitsbewußten eine Tasse Grüntee aus der Küche holen und auf dem Weg in ihr Büro sind; KollegInnen, die mit einem Ordner aus dem Büro der Chefin oder des Chefs ganz ernst hinauskommen; Menschen, die man irgendwo im Gang trifft, und dann ganz Ernst über diese oder jene Aufgabe oder irgendein Projekt befragt oder bespricht, die berühmten „Ganggespräche" oder „Korridorgespräche". Ich mochte es, mit

KollegInnen zusammen in die Kafeteria einen Kaffee trinken oder Mittagessen zu gehen; selten, aber dennoch mit ihnen hier und da mich am Abend mit einigen auch mal zu treffen, einfach so, für einen Drink oder zum Abendessen; oder mit ihnen im Büro wichtige Projekte und Aufgaben zu besprechen. Ich mochte das alles so sehr, ich liebte einfach das Büroleben!

Als ich während des Studiums in Karlsruhe bei einem welt-bekannten Kosmetikunternehmen mein Praktikum gemacht habe, fand ich es klasse, mich ein wenig mehr zu schminken als sonst, und in die Arbeit zu gehen. Ich fand alle Leute dort super – angefangen von der Kantinendame bis hin zu dem Leiter der Kohorte. Es war toll, mit ihnen über die Arbeit zu reden, was man alles an jenem Tag zu tun hat, was alles dort effizienter gestaltet werden kann, usw., oder auch mal über das „leckere Essen" ;-).

Am Ende des Studiums angelangt, schrieb ich meine Bachelorarbeit in Essen bei einem der Top-vier Unternehmen auf der Welt im Bereich Bau und Bau-Dienstleistungen. Wahrscheinlich wegen des Arbeitsbereiches, nämlich Bauwesen, arbeiteten dort Ingenieure, überwiegend Männer; zu Mittagszeit saß man quasi mit ca. zweihundert Männern im schwarzen Anzug in der Kantine; ich fühlte mich wohl, mittendrin zu sein. Falls sich einer der Herr Ingenieure im Aufzug auf das Niveau herabgelassen hat, mit DiplomandInnen zu reden, sprich mit mir, fühlte ich mich extrem geehrt und priviligiert, und wohl.

Zum gleichen Zeitpunkt, gegen Ende meiner Studienzeit, habe ich angefangen mir Gedanken über die potenzielle zukünftige Arbeit zu machen. Ich beschäftigte mich mit Überlegungen, wie die DiplomatInnen in ihren Beruf einsteigen, wie werden sie DiplomatInnen? Ich habe angefangen im Internet zu recherchieren, und stiess dabei auf eine renomierte Diplomatische Schule in Wien. Also, ging's nach Wien weiter!

Als ich dann später bei den Vereinten Nationen in Wien anfing zu arbeiten, war es ein überwältigendes Gefühl; ich, als Otto-Normalverbraucher bei den Vereinten Nationen; zwar als Freiberuflerin, aber dennoch; toll! Das Büroleben war wie auch sonst überall – am

Vormittag in die Arbeit, bisschen Smalltalk im Aufzug, Hallo und guten Morgen beim Vorbeigehen in die anderen Büros zurufen, für das Mittagessen mich abwechselnd mit verschiedenen Leuten treffen und in die Kantine gehen, manchmal auch für den Nachmittagskaffee, ein bisschen über die Arbeit reden, ein bisschen über Freizeitaktivitäten, einfach toll!

2012 kam unser Sohn auf die Welt. Von einem Tag zum anderen änderte sich das Leben; ganz anders, Schlafmangel, wenig Zeit für sich, etc. wie alle das kennen, aber dennoch das schönste Gefühl auf der Welt, das es gibt. Ich hatte aufgehört zu arbeiten. Am Anfang war es komisch, wenn der Kleine schlief, und ich ein paar Minuten Zeit hatte, und meine KollegInnen sowie das Büroleben vermisst habe; aber eben nur für ein paar Minuten, denn mehr Zeit hat man nicht!

Als unser Sohn zweiundhalb Jahre alt war, habe ich wieder angefangen, bei den Vereinten Nationen, erneut als Freiberuflerin, Teilzeit zu arbeiten. Das gab mir die Flexibilität, die ich zu dem Zeitpunkt aus bekannten Gründen benötigt habe; den Kleinen in den Kindergarten bringen, ein paar Stunden arbeiten und dann nach Haus fahren. Die Zeit reichte nicht, um mit anderen BürokollegInnen Mittagessen zu gehen; also habe ich das auf circa ein Mal pro Woche reduziert; die restlichen Tage, schnell essen und fertig. Das war mein Versuch, das Beste aus allem zu machen.

2016 ist mein Mann aus beruflichen Gründen nach Jakarta, Indonesien, gegangen, vorerst für ein Jahr. Nachdem unser Sohn erst seit einem Jahr in den Kindergarten ging, wollten wir ihn nicht aus seinem bekannten Umfeld zerreisen. Also gingen unser Sohn und ich nicht mit meinem Mann mit. Obwohl ich wusste, dass es für mich alleine mit einem Kleinkind nicht einfach sein würde, war es okay für mich. Aber ich wusste auch, dass ich nicht mehr ins Büro gehen kann. Das wäre für mich eine grosse Umstellung, aber es war auch okay für mich.

Zu dem Zeitpunkt habe ich gleichzeitig als Teilzeit-Vortragende an einer Fachhochschule unterrichtet. Die Lehrveranstaltung konnte ich sehr wohl zu Haus vorbereiten; lediglich um sie abhalten musste ich hinfahren. Für meine Tätigkeit als freiberufliche Konsulentin für

Evalurierungen bei den Vereinten Nationen musste ich für circa eine Woche das Projektland besichtigen, und danach die restliche Schriftarbeit zu Haus machen, den Bericht schreiben. So richtig habe ich zu dem Zeitpunkt angefangen, mir Gedanken über Arbeiten zu Haus oder von zu Haus aus zu machen - das Working from home, oder WFH - beziehungsweise alles auszuprobieren, um es mir dabei richtig gut gehen zu lassen.

Ein Jahr später kamen unser Sohn und ich ebenfalls nach Indonesien, denn mein Mann sollte von seiner Arbeit aus länger in Indonesien bleiben. Unser Sohn kam in die Vorschule. In Indonesien lief meine Arbeit, WFH, nach demselben Schema ab – eine Woche in das Projektland verreisen, danach zu Haus bleiben und meinen höchstinteressanten Bericht abtippen. Ich habe immer Fristen zu beachten; ich muss unter anderem viele andere Berichte, Zahlen, Tabellen, Nachrichten lesen; ich muss mir bei der Analyse des Ganzen viele Gedanken machen, und dann das alles niederschreiben. Nachdem ich zu Haus arbeite, schaut niemand nach wann ich was mache (naja, im Büro würde auch niemand hinter mir stehen und mir über die Schultern schauen, aber zu Haus ist die Hemmschwelle für alles ja generell noch zehn Stufen niedriger.

Ich habe Fristen zu beachten; die Berichte sollen bestimmte Qualitätsmerkmale erfüllen. Es kann schon mal vorkommen, dass man den Abgabetermin nicht einhalten kann. Aber man müsste sich die Frage stellen, würde man noch die Arbeitsaufträge erhalten, wenn man öfters mal nicht rechtzeitig den Bericht abliefert, oder mit mangelder Qualität abliefert; so, das wäre dann mal geklärt.

Meine Mutter hat uns immer sehr geholfen. Seitdem unser Sohn geboren wurde, kommt sie zu uns und wohnt teilweise auch länger bei uns. Wenn ich auf Dienstreise fahre, kümmert sie sich um unseren Sohn; dann muss sich mein Mann keine Sorgen über ihn machen, und ich auch nicht; wir wissen beide, dass für ihn hervorragend gesorgt wird, und wir können uns beide um unsere jeweile Arbeit kümmern. Ja, wir haben Glück, was das angeht.

Seit nun knapp vier Jahren arbeite ich ausschließlich von zu Haus aus, das Working-from-home oder kurz gesagt, WFH. Meistens finde ich es toll, diese Flexibilität zu haben (zumindest gedanklich), mir meine Zeit frei einteilen zu können (irgendwie ja, und irgendwie nein), morgens aufzustehen, wann ich will (theoretisch ja, praktisch auch nicht wirklich), zu arbeiten ob und wann ich will (theoretisch ja, praktisch....hmmmm...), aber auf jeden Fall, zwischendurch unseren Sohn von der Schule abzuholen, ihn zu den ausser-schullischen Sportaktivitäten zu begleiten, ihm am Abend eine warme Kleinigkeit vorzubereiten, ihn ins Bett zu bringen, und bei Bedarf danach ein wenig wieder an meinem Bericht zu basteln.

Wenn wir ab und zu an Wochenenden auf Kurzurlaub fahren wollten, und ich eine Einreichfrist beachten musste, habe ich das Büro, sprich meinen Laptop, einfach mitgenommen. Mir hat es nichts ausgemacht, dass sich meine beiden Männer es im Meer gut gingen liessen, und ich am Strand sitzte und arbeitete. Es war einfach toll; und bei einem solcher Kurzurlaube auf Lombok in Indonesien ist das Coverbild entstanden!

Und so ging das Leben weiter, bis sich der Coronavirus entschied, es den Menschen Heim zu zahlen, beziehungsweise, den Menschen das Gefühl zu geben, dass nun Zahltag gekommen ist, denn es gibt leider viele andere Krankheiten und Viren, an denen viel mehr Menschen sterben; aber das plötzliche Auftauchen des COVID-19, die schnelle Ausbreitung zuerst in China und anschliessend in Europa, die vergleichsweise hohe Sterberate, hat alles dazu beigetragen, dass die Menschen plötzlich von Karma gesprochen haben; die Rache der Natur, der Tiere an den Menschen. Ich möchte es nicht verharmlosen, vor allem nicht den Schmerzen derjenigen, die jemanden daran verloren haben, die selber daran leiden; dennoch wenn man sich die Zahlen der Sterbenden aus anderen Ursachen ansieht, ist der Coronavirus eher harmloser im Vergleich. Naja, wie man es so nimmt!

Auf jeden Fall gibt es Auswirkungen auf wirklich alles – Leute fliegen nicht mehr so viel herum; viele Fluggesellschaften haben ihre Mitarbeiter auf Teilzeit umgestellt; die meisten Flughäfen auf der Welt waren leer, bis sich die Länder ihre eigenen Bürger überall aufgerufen haben, so schnell wie möglich nach Haus zurückzukommen; und wieder Chaos an den Flughäfen; alle Gross-Veranstaltungen, beispielsweise Messen, Ausstellungen, Konzerte, Konferenzen, usw. wurden abgesagt; alle Hochschulen und Schulen wurden geschlossen, und alle Lehrveranstaltungen sowie Unterricht auf Online umgestellt; viele Unternehmen haben ihre Mitarbeiter von zu Haus aus - das WFH - arbeiten lassen – dort, wo es möglich war (man stelle sich einen Metzger oder andere ähnliche Berufe bei WFH vor); plötzlich haben alle Unternehmen, überall auf der Welt angefangen, sich Gedanken über WFH zu machen.

Und ich? Ich mache WFH ohnehin seit vier Jahren ohne mir großartig dabei Gedanken zu machen. Also habe ich mich hingesetzt und erst jetzt mir Gedanken darüber gemacht, was ich bewusst und unbewusst über die Jahre für das WFH gemacht habe, beziehungsweise wie ich was angepasst habe, um meine Produktivitiät und Effizienz aufrechtzuerhalten, wenn möglich zu steigern, und es mir dabei so gut wie möglich gehen zu lassen.

2. Joggen/Spazieren gehen

Wie bereits erwähnt, bin ich wirklich kein Morgen-Mensch. Als ich 2016 angefangen habe von zu Haus aus zu arbeiten, also WFH, habe ich mir vorgenommen, erstmal ein-zwei Wochen es mir richtig gut gehen zu lassen – spät aufstehen etc. versteht sich. Das ging aber nicht. Sowohl in Deutschland als auch in Österreich – ich erwähne diese beiden Länder, da ich in beiden einige Jahre gelebt habe – muss immer alles so pünktlich sein, auf die Minute genau. Uff! Unser Sohn musste spätestens bis 8:30 im Kindergarten sein. Das heisst, ich musste noch früher aufstehen, mich zu Recht und draussen zeigbar machen, und dann unseren Sohn fertig anziehen.

Nachdem ich ihn in den Kindergarten gebracht hatte, der nur einige Schritte von unserem Wohngebäude entfernt war, habe ich mich bereits wegen der Anstrengungen so fertig gefühlt, dass ich im Anschluss gleich in ein Kaffeehaus in unserem Wohnort gegangen bin, und dort ausführlich gefrühstückt habe. Bis ich fertig war, war ich jedes Mal erschrocken auf die Uhr zu schauen, da es bereits 9:30 war. Ich sollte meinen Sohn vom Kinder wieder um 13:30 abholen. Wie soll ich nur meine Arbeit rechtzeitig schaffen! Naja, erstmal 1-2 Wochen cool bleiben. In dieser Zeit bin ich entspannt frühstücken gegangen, habe ich sehr ausführlich das gesamte Inventar in jedem existierenden Geschäft in unserem Wohnort angeschaut, und kannte alle und alles fast auswendig.

Am Ende der zweiten Woche habe ich angefangen, mir Gedanken zu machen, wie ich es ab der dritten Woche angehen soll, dass ich später nicht unter Zeitdruck gerate. Denn, so wie ich es die ersten zwei Wochen gemacht hatte, konnte ich nicht weitermachen. Da ist mir eingefallen – etwas früher aufstehen, mich und Kind anziehen, Kind in den Kindergarten bringen, gleich spazierengehen, egal ob Sommer oder Winter, im Anschluss ein Sonnenkernbrötchen aus der Bäckerei holen, nach Haus gehen, gut frühstücken und bereit sein, meinen Laptop einzuschalten. Als Belohnung könnte ich Ende der Woche in das Kaffeehaus gehen und mir dort ein Frühstück gönnen.

Am ersten Tag ist es mir unheimlich schwer gefallen; als der Wecker um 7 Uhr klingelte, war ich versucht, den Wecker auszuschalten und nur noch ein wenig weiter die Augen zuzumachen; aber nein! Ich habe mich sehr bemüht, doch irgendwie aufzustehen, auch wenn die Augen nicht so richtig aufgingen, mich und unseren Sohn fertiggemacht, ab in den Kindergarten, nur halbe Stunde spazierengegangen – man muss es ja nicht gleich übertreiben – anschliessend das Sonnenkernbrötchen geholt, ab nach Haus, gegessen und dann den Laptop eingeschaltet.

An sich war es ein tolles Gefühl, bereits die Hälfte der empfohlenen Schritte des Tages hinter sich zu haben, die Morgenbreeze schön eingeatmet zu haben, und als ich um 13:00 Uhr den Laptop ausgeschaltet hatte, das tolle Gefühl zu haben, dass ich bereits um 13:00 Uhr alles an Arbeit geschafft hatte, dass ich mir für den Tag vorgenommen hatte; und auch noch die Hälfte der empfohlenen Tagesschritte hinter mir hatte; den Rest würde ich schon noch schafften, wenn ich später mit unserem Sohn spazierengehe. Den ganzen Tag strahlte ich nur. Die Morgenbreeze hat es in sich, wirklich. Ich weiss, dass es im Winter ohnehin kalt ist, aber dennoch – es hat was, gleich in der Früh, diese kühle Luft am Gesicht zu spüren, zu wissen, den Kreislauf in der Früh gleich in Schwung zu bringen, gleichzeitig das Gefühl zu haben, ich muss nicht den Rest des Tages mit dem schlechten Gewissen herumlaufen, nicht genug Bewegung gemacht zu haben. Manchmal bin ich gejoggt, manchmal gegangen; aber unabhängig davon, ob ich gejoggt bin oder gegangen bin, war es einfach toll!

3. Fixe Anfangszeit festlegen

Ich hätte unseren Sohn um 8:30 in den Kindergarten bringen, und einfach irgendwann später mit der Arbeit beginnen können. Aber wenn man lange trödelt, sinkt die Motivation gleichzeitig, und man verliert das Interesse. Es fällt einem schwerer und schwerer, sich hinzusetzen und anzufangen. Aus diesem Grund hatte ich mir eine fixe Uhrzeit überlegt, am Anfang 8:30 Uhr. Ich wollte unseren Sohn in den Kindergarten bringen, spazierengehen, Brötchen holen, zu Haus frühstücken und um 8:30 den Laptop einschalten. Als ich es die ersten zwei Tage gut geschafft habe, trotz der Schwierigkeiten mit dem Aufstehen, habe ich mir überlegt, dass ich das Ganze um dreissig Minuten vorverlege, damit ich bis 13 Uhr volle fünf Studen zu arbeiten habe. Zu dem Zeitpunkt hat es gereicht, fünft Stunden am Tag zu arbeiten, die Aufgaben zu erledigen, die für den Tag vorgesehen waren.

Die Anfangsuhrzeit festlegen habe ich auch seitdem durchgehalten, auch wenn es nicht immer 8 Uhr war. Je nach Bedarf und Aufgaben des Tages habe ich mir immer eine fixe Uhrzeit für den nächsten Tag überlegt, wann ich mit der Arbeit beginnen wollte. Das war immer sehr hilfreich, eine Struktur in den Tag hineinzubringen. Ich habe es auch meistens geschafft!

Als wir nach Jakarta kamen, war die Anfangszeit zwischendurch dann 9:30; ich bin sogar zum Fitness gegangen und habe erst 9:30 mit der Arbeit begonnen. Wir sind innerhalb von Jakarta umgezogen und wohnen jetzt in der Nähe der Schule. Auf dem Weg zur Arbeit bringt mein Mann unseren Sohn in die Schule und fährt dann weiter. Ich bin normalerweise erst dann aufgestanden, habe mein Frühstück geholt, und mich gleich, im Schlafanzug noch, an den Laptop gesetzt; es hat mir nichts ausgemacht. Ich konnte sofort mit dem Schreiben beginnen. Erst später dann mich fertiggemacht, um unseren Sohn von der Schule abzuholen.

Leider hatte ich zu wenig Bewegung am Tag. Bis mir vor einiger Zeit die Idee einfiel, morgen wieder etwas Bewegung einzubauen. Seitdem stehe ich mit meinen beiden Männern auf, und gehe mit ihnen auch aus dem Haus raus; halbe Stunde spazieren und hier und da zwischendurch bisschen joggen, um den Puls etwas höher zu bekommen, nach Haus, schnell duschen, und mich dann mit dem Frühstück an den Laptop setzen.

Sieben Uhr dreissig, und ich war schon halbe Studen spazieren, habe bereits gefrühstückt, und fange mit der Arbeit an. Je nach dem wann die Schule bei unserem Sohn aus ist, habe ich 5-8 gute Stunden, zu arbeiten, und fühle mich am Ende jeden Arbeitstages und am Ende jeden Tages sehr sehr zufrieden.

4. Sich richtig für die Arbeit anziehen

Nachdem ich unseren Sohn in den Kindergarten bringen sollte, musste ich mich ohnehin umziehen; also habe ich mir nicht wirklich Gedanken darüber gemacht. Als wir nach Jakarta ankamen, und unser Sohn in die neue Schule, habe ich ihn in der Früh hingebracht. Dann sind wir in die Nähe der Schule umgezogen, und meine Mann hat angefangen, unseren Sohn in die Schule zu bringen. Somit bestand keine Notwendigkeit für mich, den Schlafanzug gegen etwas anderes auszutauschen. Ich kann nicht sagen, ob das eine bewusste oder unbewusste Entscheidung war; ich sah einfach keine Notwendigkeit.

Von früheren Wochenenden kannte ich es bereits, dass ich stundenlang in meinem Schlafanzug durch die Gegend (in der Wohnung) gelaufen bin. Ich wusste, dass die Kleidung – ob Schlafanzug oder Jeans – keinen Einfluss auf meine Produktivität hat. Als Dozentin habe ich manchmal via Web-basierte Anwendungen Online Lehrveranstaltungen gehalten; ich kann mich gut erinnern, dass ich noch meinen Schlafanzug anhatte, einen Pullover drüber gezogen habe, und mich bisschen geschminkt habe. Die Frage ist, warum dann nicht gleich umziehen. Und wieder, ich sah einfach keine Notwendigkeit. Teilweise hatte ich an dem Tag nach der Lehrveranstaltung nichts anderes vor, somit war es auch nicht notwendig.

In den letzten Jahren habe ich immer mehr Web-basierte Anrufe, die ohne Video ablaufen. Meistens ziehe ich mich aber vor dem Anruf dennoch richtig an, denn das Gespräch läuft über mehrere Länder und Kontinenten, und in dem Moment brauche sogar ich das Gefühl, den Ernst der Lage zu spüren und entsprechend gekleidet zu sein. Letztens hatte ich ein Gespräch, vor dem ich mich nicht geschminkt habe. Das war das erste Mal, dass die Gesprächspartner Video eingeschaltet hatten; und ich konnte es nicht, weil ich nicht entsprechend aussah. Tja, bisschen suboptimal; aber zum Glück nicht weiter schlimm.

An sich wird geraten, sich ordentlich, wie fürs Büro anzuziehen, und
dann an die Arbeit zu setzen. Das soll einem ein ähnliches Gefühl geben,
wie in der Arbeit zu sein, und die innere Motivation fördern. Ich weiss
es nicht; aber nichts spricht dagegen!Ausserdem, bei Videoanrufen soll
der Hintergrund – also die Wand hinter einem – ordentlich ausschauen.

5. Kurze Pausen einbauen

5-8 Stunden zu Haus am Laptop sitzen und arbeiten! Der Gedanke macht mich nicht unzufrieden oder unruhig. Es ist meine Arbeit, ich mache sie gerne, ich möchte einfach nur Ruhe haben, und in Ruhe arbeiten können. Als ich im Büro gearbeitet habe, habe ich zwischendurch mal aus der Küche einen Tee oder Kaffee geholt; das gleiche mache ich auch zu Haus. Ich versuche, ungefähr stündlich, kurz aufzustehen, und Wasser zu trinken, kurz aus dem Balkon hinauszuschauen, aber nur kurz, einen Tee oder Kaffee zu machen, je nach dem worauf ich Lust habe, beziehungsweise, was ich mehr brauche, und dann weiterzuarbeiten.

Man liest in allen Ratgebern, dass man mindestens zwei Liter Wasser am Tag trinken soll; alternativ wäre auch ungesüsster Tag; aber Achtung, Schwarztee und Kaffee gehören nicht dazu. Ich trinke normales Wasser, Grüntee oder ungesüßten Früchtetee. Sie sättigen wirklich den Durst.

Wenn ich keine Lust habe, etwas zu trinken, räume ich in fünf bis höchsten zehn Minuten Sachen weg, bereite die Sachen vor, die mein Sohn am nächsten Tag in der Schule braucht, die Schule vielleicht angefordert hat, usw. Somit habe ich bisschen Bewegung, und sowohl das Gehirn als auch die Augen können sich kurz erholen. Vor längerer Zeit habe ich irgendwo gelesen, dass man in diesen kleinen Pausen, sich etwas grünes anschauen sollte, da es eine gute Wirkung auf die Augen haben soll, also, Pflanzen. Früher hatte ich lediglich eine Aloe Vera Pflanze in meinem Büro; jetzt haben wir ein paar Pflanzentöpfe am Balkon stehen, aber vom Balkon aus sehe ich Bäume. Ich weiss nicht, ob das wirklich hilft, aber ich tue es einfach; schaden kann es auf jeden Fall nicht!

6. Am großen Bildschirm arbeiten

Ich finde, diese kleineren Laptops oder Kombination aus Tablet und Laptop sehen wirklich klasse aus; so schön, so elegant. Wenn ich Leute irgendwo sehe, die an so einem Gerät arbeiten, denke ich immer, das schaut gut aus. Deshalb habe ich vor einigen Jahren mir auch einen Tablet gekauft. Schnell fand ich heraus, dass ich lieber an meinem grossen Laptop zu Haus arbeite. Damals musste ich zwar noch keine Lesebrille tragen, aber dennoch fand ich es wesentlich angenehmer, am grossen Bildschirm zu arbeiten.

Seit mehreren Jahren benütze ich nur noch grossen Laptop zu Haus. Letztes Jahr, als ich meinen jetzigen Laptop gekauft habe, habe ich erneut auf die Bildschirmgröße geachtet und entsprechend gekauft. Wenn länger am Laptop gearbeitet wird, ist es wichtig, dass sich die Augen nicht zu sehr anstrengen müssen.

Einen Nachteil gibt es schon - es ist nicht wirklich praktisch, den großen Laptop auf Dienstreisen mitzunehmen. Für die geschäftlichen Reisen habe ich mir einen gebrauchten etwas kleineren Laptop gekauft; falls er irgendwo verloren geht, wird es mir finanziell auch nicht sehr weh tun.

Es herrscht normalerweise Chaos an dem Platz, an dem ich arbeite, denn ich versuche, alles in meiner Nähe zu haben, was ich für meine Arbeit benötige – Brille, USB Speicher, alle möglichen Kabeln, Kopfhörer, Heft, Kugelschreiber, Buntstifte, Augentropfen, Kalender, Kekse, usw. Von dem Chaos wird in der Regel abgeraten, aber bei mir funktioniert es halt.

7. Raum und Licht aussuchen

An sich wird geraten, einen Arbeitsraum zu Haus auszusuchen, und als Büro einzurichten. Es soll dort Ordnung herrschen. Ich habe irgendwo gelesen, dass man sich in einem ordentlichen Raum besser konzentrieren kann und nicht davon abgelenkt wird, etwas aufräumen zu wollen oder müssen. In meiner Anfangszeit des WFH war es bei mir auch so. Mittlerweile ist es mir ziemlich egal, wo ich mich mit meinem Laptop hinsetze.

Vor einigen wenigen Jahren sind bei uns zu Haus die Fenster neu gemacht werden, dh. alte Fenster raus, neue Fenster rein. Diejenigen, die das durchgemacht haben, wissen, dass das alles nicht ganz ohne ist. Es ist eine wirklich anstrengende Zeit, die viel Staub und Arbeit mit sich bringt. Ich musste jedoch an meinem Bericht weiterarbeiten; es war kein Platz frei, alles mit Plastikfolie zudeckt; ich habe mir einen Stuhl geschnappt, habe ihn in die Raummitte gestellt, inmitten der ganzen Plastickfolie, Staub, usw., habe mich draufgesetzt, Laptop am Schoss, und habe angefangen zu schreiben. Ab dem Zeitpunkt konnte mich nichts mehr stören, bis jemand hineinkam und um einen Kaffee gebeten hat.

Zu Haus, abhängig davon, in welchem Zimmer ich sitze, habe ich manchmal das Gefühl, dass das Licht nicht ausreichend ist; also schalte ich zusätzliches Licht ein. Ich habe hier und da Kritik darüber gelesen; manche sagen, man verwendet damit zusätzlichen Strom, und ist somit nicht umweltfreundlich. Ich sage, ich gehe nicht in die Arbeit, spare dort den Strom, das Wasser, und letztendlich müssen wir alle arbeiten. Also tue ich meinen Augen nichts schlimmes an, und schalte zusätzliches Licht ein – das kann eine Deckenlampe sein, falls das Licht ausreichend ist, oder auch eine Tischlampe. Das muss jeder für sich selber einschätzen und entsprechend einrichten.

Falls es Videoanrufe sind, sollte darauf geachtet werden, was alles, neben einem, zu sehen ist. In einem unseres Zimmers hat die Kamera noch den grossen Schrank weiter hinten im Zimmer sogar mit erfasst. Auf dem Schrank waren verschieden Sachen gelagert. Vor jedem Videoanruf habe ich mich etwas umsetzen müssen, damit das alles auf dem Bild nicht drauf ist. Hier in Jakarta sitze ich auch oft im Wohnzimmer. Hinter mir ist ein Spiegel, worin die gegenüberliegende Küche zu sehen ist; nicht so toll! Es ist schon zweimal vorgekommen, dass ich die Kamera unerwartet einschalten sollte, mich schnell noch woanders hinplatziert habe, und erst dann die Kamera eingeschaltet habe.

8. Eine große Pause einlegen

Noch in Karlsruhe in der WG hatte ich eine Chinesische Mitbewohnerin; sie ist morgens extrem früh aufgestanden, hat ein warmes Essen mit Nudelsuppe, Ei, Wurst und Gemüse gemacht, gegessen und ist dann in die Vorlesung gegangen. Ich habe hier und da ein wenig Nudeln und Gemüse von ihr probiert, es hat sehr gut geschmeckt. Also habe ich mir genau dieselben Nudeln und Gemüse besorgt und versucht, das gleiche zu machen; nichts zu machen; war nicht wirklich essbar!

Während der Studienzeit in Wien habe ich einmal einige Monate im Quasi-Wohnheim gewohnt. Ich kann mich an Studienkolleginnen erinnern; die eine hat während der Mittagspause innerhalb von 5 Minuten einen hervorragenden Salat hergezaubert; jeden Tag einen anderen, mit anderen Zutaten und anderen Kräutern. Von ihr inspiriert habe ich mir einige Zutaten gekauft, und wollte mir auch so einen leckeren Salat machen; total fehlgeschlagen! Wenn es kurzfristig rauskam, dass jemand Geburtstag hat, konnte eine andere Studienkollegin mit den existierenden Zutaten, die nicht wirklich für Kuchen geeignet waren, einen Super-Kuchen basteln; ich habe keine Ahnung, wie! Sie konnte es machen!

Wenn ich Hunger habe, muss ich etwas essen; ansonsten kann ich mich nicht konzentrieren. Ich weiss, dass es nicht jedermanns Sache ist, aber ich esse zu Mittag die Überreste vom vorherigen Abendessen. Ich koche nicht so gut, wie ich es bereits beschrieben habe, und das war keine Übertreibung; und ich koche auch nicht so gern. Unser Sohn und ich haben Glück! Mein Mann ist beim Kochen sehr begabt; er hat ein Händchen dafür. Ich mache den Kühlschrank auf, der kann richtig voll sein, oder zufälligerweise ziemlich leer; ich stehe dann so 5-10 Minuten davor; mache dann die Tür zu, dann wieder auf, und so geht's weiter; mir fällt es beim besten Willen nicht ein, was ich kochen soll. Mein

Mann macht den gleichen Kühlschrank auf, und wir haben ein leckeres Essen auf dem Tisch.

Seit der Geburt unseres Sohnes, habe ich angefangen, mir ein bisschen mehr Mühe zu geben; mehrere Kochbücher gekauft, damit ich ihm etwas hervorragendes kochen kann. Hervorragend – naja, aber essbar, ja. Wenn mein Mann auf Dienstreisen geht, oder als er bereits in Jakarta war, und wir noch in Österreich, hat er genug und gut zu Essen bekommen! Es ging gut, zum Glück!

Also esse ich hier die Überreste; Hauptsache ich habe Essen im Magen, keinen Hunger mehr, und kann weiterarbeiten. Als ich noch im Büro gearbeitet habe, bin ich immer um 11:30 Uhr gegessen. Aber jetzt zu Haus lege ich für das Mittagessen keine fixe Zeit fest; ich esse, wenn ich Hunger kriege. Im Gegensatz zu Frühstück esse ich mein Mittagessen nicht vor dem Laptop; ich nehme mir auch ein wenig mehr Zeit dafür, und genieße es richtig. Die Überreste schmecken auch am nächsten Tag besser; ich muss es wissen – lange genug gemacht und es wird noch gemacht!

9. Mit KollegInnen in Kontakt bleiben

Früher in Wien habe ich versucht, einmal alle paar Wochen, oder wenn möglich, einmal pro Woche, ins Büro zu fahren, und mich mit KollegInnen zu unterhalten. Seitdem wir in Jakarta sind, ist das natürlich nicht mehr möglich; ich habe keinen Kontakt mehr mit den KollegInnen von angesicht zu angesicht. Aber bis wir nach Jakarta kamen, hatte ich bereits Erfahrung mit WFH. Deshalb hat es mir nichts ausgemacht, mit ihnen keinen reellen Kontakt mehr zu haben, nur noch manchmal virtuellen. Ausserdem sind jetzt meine KollegInnen jedes Mal unterschiedlich und überall auf der Welt verteilt, je nach Auftrag. Wenn es notwendig ist, haben wir einen web-basierten Call; ansonsten bastele ich an meiner Arbeit normal weiter.

Für Leute, die neu mit WFH anfangen, würde ich mindestens ein-zwei Anrufe, sogar Videoanrufe, empfehlen. Dann kommt man sich nicht so einsam in seiner Lage vor. Und wie bereits erwähnt, auf den Hintergrund auch Acht geben.

Man darf aber so einen Anruf auch nicht auf die leichte Schulter nehmen; die Arbeit am Telefon/Skype besprechen ist sehr anstrengend. Meine Anrufe können schon mal am Stück eineinhalb bis zu sogar zwei Stunden gehen; ich fühle mich danach manchmal auch ziemlich ausgelaugt; das darf man wirklich nicht unterschätzen.

Der Coronavirus stellt uns alle vor neue Herausforderungen; aber WFH, wenn man sich daran gewöhnt hat, ist überwältigbar. Wahrscheinlich werden Unternehmen sogar das Potenzial erkennen und es auch nach dem Coronavirus vermehrt einsetzen wollen.

10.Fixe Endzeit festlegen

Für mich war das nie ein Problem, denn ich musste und muss noch immer unseren Sohn von der Schule abholen; bis dahin habe ich Zeit zu arbeiten; dh, ich weiss, wann ich die Arbeit beenden muss. Manchmal wegen meiner Deadlines, also Fristen, muss ich längere Arbeitsstunden einlegen, was für mich auch okay ist. In solchen Phasen fange ich in der Früh an, und arbeite durchgehend bis zur Mitternacht, mit kleinen und mit grösseren Pausen, und auch an Wochenenden. Vom Gefühl her könnte ich während solcher Phasen 7 Tage durchgehend arbeiten; aber ich weiss, dass das nicht realistisch ist. Deshalb muss es spätestens um Mitternacht zu Ende kommen, jeden Tag. Aber das ist eher die Ausnahme als die Regel.

Die Regel – ich weiss nicht, welche; sagen wir meine – sagt, eine fixe Endzeit für jeden Tag festlegen und um diese Uhrzeit auch wirklich aufhören. Nach den ersten paar Tagen weiss man selber am besten, wie lange man am Stück, natürlich inklusive kurzer und längerer Pausen, gut, effektiv und effizient arbeiten kann. Wenn man das Gefühl hat, dass diese Zeit für die Arbeit nicht ausreichend ist, gibt es eh nur zwei Möglichkeiten – entweder, wenn das vom Büro aus überhaupt geht, die Arbeit später am Tag oder am Abend nachholen; oder versuchen, sich etwas anstrengen, und die Arbeitszeit allmählich verlängern.

Es ist wichtig, dass man auch wirklich um die vorgenommene Uhrzeit mit der Arbeit aufhört. Am Anfang hilft es insgesamt, wenn man sich irgendwie auch dafür belohnt; ob mit einem Glas Wein, ein Stück Schokolade, einen tollen Salat, eine Pizza bestellen, einen Film anschauen, oder ähnliches; einfach etwas, was als Belohnung genossen werden kann, und die Motivation aufrecht erhält.

11.Kontakt mit der Aussenwelt behalten

Wie bereits mehrmals erwähnt, hole ich unseren Sohn von der Schule ab. Dadurch komme ich ohnehin in Kontakt mit anderen Menschen. An manchen Tagen gehe ich einfach etwas früher hin, und trinke einen Kaffee – natürlich kann es auch Tee sein, aber ich habe Phasen, in denen ich ein Kaffeemensch bin – in der Schulkantine. Dort treffe ich auf andere Mütter und wir können uns über alles mögliche austauschen.

Wenn man keine Kinder von der Schule abholen muss, könnte man stattdessen sich einfach unterschiedliche Aktivitäten für nach der gedanklich ausgemachten Endzeit vornehmen; zum Beispiel, einkaufen, joggen, spazieren, Essen, Kaffee trinken gehen, Freunde treffen, in eine Buchhandlung/Bibliothek gehen. Wichtig ist, dass man die eigenen vier Wände verlässt und hinaus in die grosse Welt geht, etwas anderes sieht, auch wenn bereits mehrmals das gleiche vorher gesehen, und mit anderen Menschen Kontakt hat. In Zeiten des Coronavirus geht das meiste natürlich nicht.

Meine Aktivitäten auf den sozialen Netzwerken halten sich in Grenzen; ich habe Phasen, in denen ich etwas regelmäßiger die sozialen Netzwerke mit meiner Anwesenheit und Weisheit beglücke; ich habe auch Phasen, in denen ich monatelang nicht auf den sozialen Netzwerken erscheine. Regelmäßige Anwesenheit auf den sozialen Netzwerken könnte auch in diesen Zeiten des „social distancing", also von anderen Menschen wirklich physisch Abstand nehmen, hilfreich sein. Dabei sollte beachtet werden, dass sich die Anwesenheitszeiten auf den sozialen Netzwerken in Grenzen halten, die Arbeit nicht stören, und dass man davon nicht abhängig wird. Aber ein wenig Engagement auf den sozialen Netzwerken schadet sicher nicht.

12.Zusätzliche wichtige Punkte zu beachten

Weitere Punkte, die beachtet werden sollen, sind:

- Genug Wasser trinken: das gehört zu meinen stündlichen Aktivitäten, wenn ich die kurzen Pausen einlege;
- Keine Faulheit: auch wenn einem manchmal nicht danach ist, oder wenn der Anfang schwerfällt, denn inneren Schweinehund muss man bewältigen, und sich hinsetzen; wenn erst der Anfang getan ist, sollte es danach gut laufen;
- Auf den eigenen Körper hören: wenn der Körper nach einer Pause verlangt, dann auf ihn hören und eine Pause einlegen;
- To-Do Liste erstellen: das ist mir schon immer sehr hilfreich gewesen, sowohl für die Arbeit, als auch für den Haushalt oder sogar Familie;
- Wochenplan erstellen: den Haushalt, einkaufen, etc. über die Woche verteilt aufschreiben, damit man das nicht vergisst;
- Monatsplan erstellen: soweit möglich, wichtige Termine und Erledigungen aufschreiben;
- Handy: manchmal lasse ich das Handy an, manchmal aus; das hängt immer davon ab, wie sehr ich mich konzentrieren muss und ob ich etwas wichtiges erwarte. Bei anderen wird es davon abhängen, ob das Büro es erwartet, dass man erreichbar ist;
- Sport zu Haus: heutzutage gibt es sehr viele Apps und andere Geräte, mit deren Hilfe man zu Haus Yoga und andere Fitnessübungen durchführen kann; einfach ausprobieren;
- Offene und ehrliche Kommunikation: bei Sport und anderen Aktivitäten zwischendurch, falls notwendig, einfach und ehrlich dem Unternehmen kommunizieren und erklären, wann die Arbeit weitergemacht und aufgeholt wird;
- Gegenseitiges Vertrauen: das Unternehmen setzt sehr viel Vertrauen in die Mitarbeiter bei WFH, das sollte gelobt und aufrechterhalten bleiben;

- Musik / TV: es spricht nichts gegen Musik oder sogar Nachrichten im TV schauen, solange die Konzentration nicht gestört wird;
- Bürosessel: es ist empfehlenswert, sich einen guten Bürosessel zu besorgen;
- Halsstütze: ich habe mir eine Halsstütze gekauft; mir hilft es sehr, wenn ich längere Stunden arbeiten soll, um zum Beispiel Fristen einzuhalten;
- Disziplin: es muss einem klar sein, gewisse Disziplin gehört sehr wohl dazu.

13. Nichts wie WFH

Zum Schluss kann ich nur sagen, das WFH hat sehr viele Vorteile – Zeitersparnis durch weniger hin- und herfahren, effizienter arbeiten, eventuell und idealerweise trotz des Aufenthaltes zu Haus mehr Bewegung haben, hoffentlich etwas gesünder essen, wachsendes Vertrauen des Unternehmens einem gegenüber, und mehr Zeit für die Familie haben. Man sollte nicht vergessen, dass man Glück hat, dass man einen Job hat – viele haben nicht das Glück, dass das Unternehmen auf grosses Vertrauen setzt, und nicht enttäuscht werden sollte, dass das WFH ein riesen Potenzial und viele Vorteile hat, aber dass gewisse Disziplin sehr wohl dazu gehört.

Auf erfolgreiches WFH!